¡Vaya semana de deberes!

Amanda Lemos
Ilustrado por Regina G. Cribeiro

Presentación de la autora y la ilustradora,
agradecimientos
y notas
de
Wataru Hirata

Editorial Dogakusha

A lo mejor de lo mejor de lo mejor, mis hijos.
También a su papá, mi marido.

A. L.

A mi madre, mi persona favorita.
Por su apoyo incondicional.

R. G. C.

> 【凡例】
> 　本文に見られるアステリスク（*）は、原文には付いていないけれど、本書では、それにつづく部分については注解があることを示すために、便宜的に付けてあります。

¡Vaya semana de deberes!
by
© Amanda Lemos, 2015 de los textos
© Regina G. Cribeiro, 2015 de las ilustraciones
© Ediciones Idampa, 2015 de la edición en lengua castellana

Spanish reprint rights arranged with Ediciones IDAMPA SL, Madrid through Tuttle-Mori Agency, Inc., Tokyo

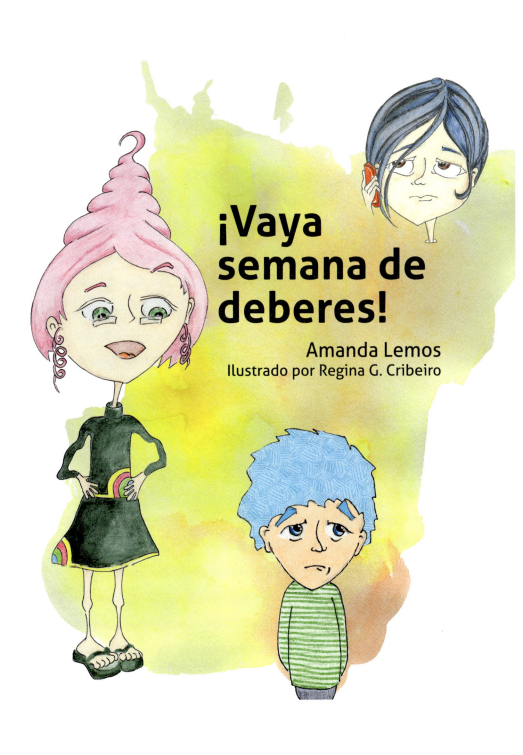

Lunes, a primera hora.

—*Enséñame tus deberes —le dijo amablemente *la profe a Clemente.

—No he podido hacerlos —respondió Clemente *con voz de no haber roto un plato en su vida.

—Ah, y ¿por qué no has podido hacer los deberes? —le preguntó inmediatamente la profe con tono de no aceptar cualquier excusa.

—Pues... Pues porque... ayer se incendió mi casa y tuve que salir corriendo.

—¡Qué horror! —exclamó la profe—. ¿Y tu mochila? —añadió, *mirando la mochila de Clemente colgada sana y salva en su perchero.

—La tiré por la ventana justo antes de escapar, pero mis deberes no estaban allí —le explicó a la profe, quien *estaba poniendo cara de «¿Me lo creo o no me lo creo?».

El resto de compañeros estaban *alborotadísimos porque también cada uno de ellos *había vivido algo parecido. *A Rosa, por ejemplo, un día casi se le incendía la cocina porque su madre se olvidó de la olla mientras hablaba por teléfono con la mamá de Ricardo, a quien también un día casi se le incendia el coche porque se estaba quemando una pieza del motor y *blablablá...

*Para volver al orden, la profe dijo su frase mágica:

—Silencioooooooo. *Que todo el mundo siga haciendo los problemas de la página 32 del libro de Matemáticas, por favor.

Como no funcionó, *no le quedó más remedio que recurrir a su segunda frase:

—*Callaos o no saldréis al recreo.

*Esta nunca fallaba.

Martes, a primera hora.

—Clemente, *¿podrías enseñarme tus deberes? —le preguntó la profe, *con las dos cejas levantadas.

—No he podido hacerlos. Ayer tuve que llevar a mi abuelo al hospital porque le entró un rayo por la mano y le salió por el pie y regresé a casa muy tarde — le explicó tímidamente a la profe, quien ahora solo tenía una ceja levantada.

*Con esto del rayo, a todos los compañeros se les habían agolpado montones de recuerdos que salían a borbotones por sus bocas.

*Pablo contaba cómo un día entró un rayo por la clavija del teléfono de su casa y, en cuestión de segundos, lo quemó todo. Lo de Antonia fue más impactante, porque un día, en un avión en el que viajaba, cayó un rayo y, claro, *aquello sí que fue un verdadero peligro y blablablá...

La profe decidió comenzar directamente por su segunda frase mágica, la que nunca fallaba:

—Callaos o no saldréis al recreo —les dijo *con un volumen de voz lo suficientemente elevado como para que lo escucharan todos.

*También hoy funcionó, aunque Antonia *seguía contando muy bajito su historia a los compañeros que tenía más cercanos.

Miércoles, a primera hora.

—Clemente, por favor, ¿me enseñas ahora tus deberes? —le preguntó la profe, *con aires de no entender un no por respuesta.

—*Es que yo, ejem, es que... no he podido hacerlos —*respondió Clemente, carraspeando y con una voz casi inaudible.

—Ah, y ¿puedes explicarme por qué no has podido hacer los deberes tampoco hoy? —le preguntó, *un tanto nerviosísima.

—Lo siento muchísimo, profe, pero me ha sido completamente imposible hacer ayer los deberes. Mientras comprábamos en *el súper, *nos robaron el coche de mi mamá con todo dentro. Y allí estaba mi mochila, bueno, y las llaves de casa y un montón de cosas más. Y, claro, tuvimos que ir a *poner una denuncia y salimos de la policía muy de noche, *cuando mi papá nos vino a recoger —explicó Clemente, *muy abatido.

No pasó ni un segundo y *todos hablaban de robos en alto y a la vez. La más impactante fue la historia de Eva y su familia, a quienes un día, en la playa, les habían robado todo, incluida la ropa. *¡Menos mal que su mamá ese día no estaba haciendo topless! y blablablá...

La profe, aquejada por un tic nervioso, no pudo pronunciar ninguna de sus frases mágicas. Así que aquel barullo duró hasta que la profe de la clase de al lado entró y *controló la situación en un santiamén, ofreciendo chuches a quienes se callasen y sentasen inmediatamente.

Jueves, a primera hora.

—*Clemente, ¿hoy traes los deberes hechos? —le preguntó la profe, *con claros signos de inquietud.

—Ayer, mi hermana se perdió en el parque y *a mi madre le dio un desmayo y cuando la policía lo solcionó todo ya era muy de noche —resumió Clemente rápidamente.

—¿Se perdió tu hermana? —*preguntó Maika escandalizada, aunque no esperó a la respuesta y añadió—: Mucho peor fue lo que nos pasó a nosotros, que se nos perdió mi abuela. Fue en un descuido de mis padres, mientras mi abuela estaba en el lavabo y blablablá...

Todos seguían contando todo lo que se les había perdido: bastantes *mascotas, algunas llaves, unas pocas monedas, hermanos, hermanas, un coche... *En fin, lo normal. Pero como se empeñaban en contarlo a la vez, el ruido fue creciendo y la profe no lo pudo frenar *porque estaba muy ocupada hiperventilando.

*Tal era el escándalo que no escucharon lo de las chuches de la profe de al lado. Esta vez tuvo que acudir *el mismísimo subdirector del colegio, que estaba muy acostumbrado a controlar este tipo de situaciones, así que no le resultó difícil. *Un silbato y mucha autoridad fue suficiente: —¡Callaos o llamaré a la directora!

*Fue infalible, funcionó en el acto.

Viernes, a primera hora.

—Clemente, espero que hoy no hayas tenido ningún inconveniente y puedas entregarme tus deberes —dijo la profe con su mejor voz y una amplia sonrisa.

—Pues no voy a poder enseñar mis deberes —respondió.

—*No me digas que tampoco hoy has podido hacer los deberes —le dijo la profe muy enfadada.

Y, claro, como no le dejaba decir eso, pues Clemente, simplemente, no dijo nada.

*Al cabo de unos segundos, para *acabar con el silencio del niño, la profe le preguntó:

—Pero *¿quieres hacer el favor de decirme de una vez por qué no traes los deberes hechos?

—Claro, si puedo decirlo, pues lo digo. No traigo mis deberes hechos porque ayer por la tarde mi madre, mi hermana y yo nos quedamos encerrados en el ascensor y sin luz. Estuvimos hasta la madrugada, que fue cuando llegaron los bomberos y lograron sacarnos de allí.

*Si de encierros iba la cosa, todos tenían uno que contar y, como siempre, a la vez. *El más increíble fue el que contó Rodolfo, que se quedó encerrado en un armario jugando al escondite con su vecino, hasta que, dos días despúes, lo *encontraron y blablablá...

Tal fue el alboroto en esta ocasión que *ni las frases mágicas de su profe ni las chuches de la profe de la clase de al lado ni la amenaza del subdirector lograron hacerlos regresar al orden. Tuvo que venir *la mismísima directora, que, con su sola presencia, normalmente todo lo arreglaba.

*Sus métodos eran de los buenos de verdad. *Dos aplausos con aplaudidor, una gran sonrisa con dientes muy blancos, una voz muy clara y ninguna duda:

—*Callaos todos o vuestros exámenes desaparecerán misteriosamente y tendréis que repetirlos todos...

*Si es que por algo era la directora, ella sí que sabía cómo controlarlo todo.

Estaba claro que *la profe Marita tenía que acabar con las fantasías de Clemente, así que se decidió a llamar a sus padres. Quería alertarlos de que su hijo llevaba toda la semana sin hacer los deberes y *eso no era positivo para el futuro del niño.

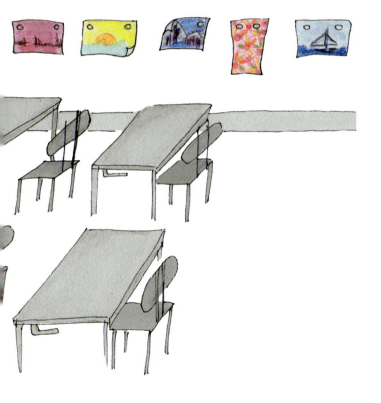

Habló con la madre de Clemente y prefirió tratar este asunto personalmente, así que, *sin adelantarle nada por teléfono, la profe la citó para el próximo lunes. Se verían a mediodía.

Necesitaba descansar mucho este fin de semana. No mandó deberes.

Lunes, a primera hora.

—Buenos días, niños. Como para hoy no he mandado deberes, vamos a jugar a algo divertido —estaba diciendo la profe cuando Clemente la interrumpió.

—Gracias por no mandarnos deberes, porque este fin de semana no habría podido hacerlos, ya que en mi casa se coló una serpiente acompañada de sus hermanas y de su mamá y, hasta que *los protectores de animales las capturaron, nos desalojaron y hasta esta misma mañana no pudimos entrar en casa.

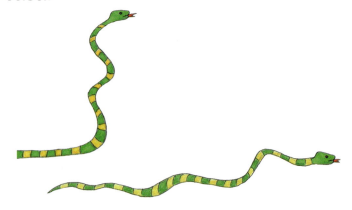

¡¿Una serpiente?! A todos les había entrado un animal en sus casas: zorros, polillas gigantes, ratones (fue lo más común), arañas, abejas… *En ese combate de invasiones animales, ganó Macarena, porque a ella le entró un oso. Fue en la casa de sus abuelos y *pasaron un miedo aterrador porque *el oso no parecía que quisiera comer miel, sino que, más bien, lo que se quería comer era… y blablablá…

*La profe estaba a punto de volverse tarumba. Tenía el pelo de punta y se rascaba una y otra vez el cuello. También se reía de una forma rara, casi como histérica. Su voz no parecía su voz y ella, *en general, parecía muy enferma.

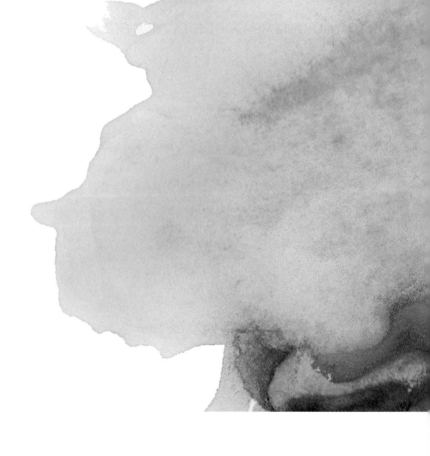

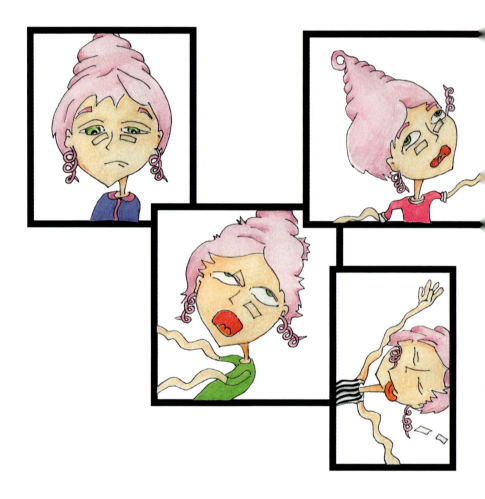

Los niños, que la querían mucho, fueron rápidamente a avisar a la directora. Se suspendieron las clases y dejaron que todos jugasen en el patio del recreo toda la mañana.

Mientras, la profe se recuperaba...

La profe, ya completamente recuperada y muy bien peinada, esperaba a la mamá de Clemente en el aula.

Olga, la mamá de Clemente, llegó un poco tarde y quiso disculparse:

—Siento el retraso, pero justo cuando iba a salir del trabajo, *a mi compañero le dio un infarto y tuve que practicarle los primeros auxilios, que aprendí en un curso hace tiempo.

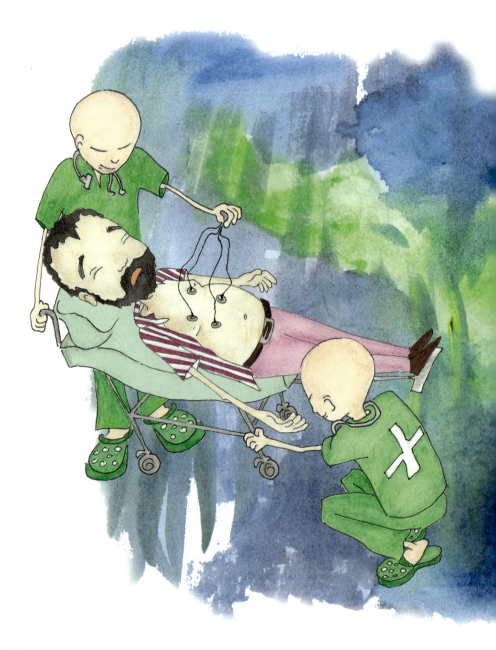

*La profe solo acertó a decir:

—Vaya, ¡qué situación más horrible!

—Sí, pero ya está bien. Los médicos de la ambulancia lo estabilizaron enseguida —le contó la mamá de Clemente.

Y, sin dejar de hablar, la mamá de Clemente, muy interesada en la educación de su hijo, le dijo a la profe:

—*Espero que al menos en el colegio todo marche bien, porque llevamos una semanita... El lunes pasado pudimos volver a entrar en casa después del incendio del fin de semana en el que perdimos casi todo, y esa misma tarde a mi padre le entró un rayo por la mano y le salió por el pie.

»El martes, mi hija se perdió en el parque y el miércoles me robaron el coche. El jueves nos quedamos encerrados durante horas en el ascensor y el viernes, cuando estábamos a punto de acostarnos, vimos como algunas serpientes se habían colado en nuestro salón. Hasta hoy, no pudimos volver a casa.

*La profe acababa de caer desmayada en lo que parecía, en toda regla, un ataque de ansiedad. Menos mal que la mamá de Clemente había hecho un curso de primeros auxilios y sabía perfectamente lo que había que hacer... *Lo primero de todo, tendría que avisar a su jefe, porque, sin duda, también hoy iba a llegar tarde a trabajar...

注　解

裏表紙（訳）
クレメンテは、この一週間、ただの一日も宿題をやってこなかった。言いわけをするために、あれこれと途方もない話をしたけれど、誰ひとり信じる者はいなかった。とうとう、先生は母親を呼び出すことに決めたのだが…
al cole :【文法】al cole ＜ a + el + cole ← cole は colegio の語尾省略形。【意味】《口語》学校。
la profe :【文法】女性名詞 profe*sora* の語尾省略形。【意味】《口語》〔女の〕先生。

献辞（訳）
とびきり、とびきり、とびっきりすてきな、わたしの子どもたちに、
それと、子どもたちのパパで、わたしの旦那さまである方にささげます
　　　　　　　　　　　　　　　　　　　　　　　　　　　　　A. L.

何くれとなく世話をやいてくれた、
大好きな母さんにささげます　　　　　　　　　　　　　　R. G. C.

中扉
Vaya :【文法】間投詞。ir の接続法現在・3 人称・単数。〔主に＋無冠詞名詞のかたちで、不快・幻滅・抗議の念をあらわす〕

3 頁

—Enséñame tus deberes :【文法】Enséña*me* ＜ Enseña + *me*〔2 人称単数 tú に対する肯定命令形〕→規則形は、直説法現在 3 人称単数と同形を使う；肯定命令なので、動詞 Enseña のうしろに人称代名詞 *me* がくっついている。アクセント記号がつくので注意〕。【意味】「宿題をお見せなさい」。
con voz de no haber roto un plato en su vida :【文法】roto は romper の過去分詞・不規則形。【慣用句】no haber roto un plato en su vida【意味】《口語》いけしゃあしゃあとした（悪びれた色もない）口ぶりで。←これ

までに一度も過ちを犯したことがない口ぶりで。←これまでの人生で一枚も皿を割ったことがないような口ぶりで。

4頁

mirando la mochila de Clemente colgada sana y salva en su perchero：【文法】colg*ada* は、colg*ar* の過去分詞・女性形で la mochil*a* を修飾している。san*a* y salv*a* は、sano y salvo (「ぶじに、つつがなく」の意) という形容詞句の女性形で、これもまた la mochil*a* を修飾している。→〔colgada も sana y salva も、形容詞の副詞的用法：形は形容詞ながら、働きは副詞〕→ colgada は過去分詞だが、過去分詞は形容詞的な性格をもつので、同様の扱いが可能。【意味】クレメンテのリュックがちゃんとフックに掛かっているのを確かめながら。

estaba poniendo cara de «¿*Me* lo *creo* o no *me* lo *creo*?»：【文法】斜字体部分の原形は creerse → 再帰動詞の強調の用法。【意味】信じたものかどうか戸惑ったような表情を浮かべていた。

7頁

alborotad*ísimos*：【文法】alborotad*o* の絶対最上級形。→ ＝ muy alborotado。【意味】ひどくざわついていた。

había vivido algo parecido：【文法】había vivido → vivir の直説法過去完了・3人称・単数／【意味】「似たようなことを体験したことがあった」← vivir:《他動詞》体験する、経験する。

A Rosa, por ejemplo, un día casi *se* le *incendía* la cocina ～：【文法】〔文法上の主語 la cocina と意味上の主語 Rosa が入れ替わる動詞。 *se encendió* < encenderse。A Rosa と le は同格で、間接目的語になっている。「被害」などをあらわす〕。【意味】たとえばロサの家では、ある日、台所でボヤ騒ぎが起きた。←たとえばロサの家では、ある日、台所がもうちょっとで火事になるところだった。

blablablá：【擬音語】〔とりとめのない話し声をあらわす〕ぺちゃくちゃぺちゃくちゃ。→ほかに、bla-bla-bla や bla bla bla のかたちもある。

8頁

Para volver al orden：【意味】その場を治めるために。

Que todo el mundo siga haciendo los problemas 〜:【構文】Que＋接続法→〔命令をあらわす。tú、ustedなどの人称代名詞以外の主語をつけるときには、queが必要になる〕。／seguir＋現在分詞：〜し続ける。【文法】siga＜seguirの接続法現在・3人称・単数。【意味】「みんな、〜の問題を（とくことを）続けるのですよ」。← todo el mundo:《口語》みんな←全世界、世界中。

no le quedó más remedio que recurrir a su segunda frase:【構文】*no* quedar *más* remedio *que*＋不定詞：〜するより仕方がない。／recurrir a＋不定詞→〜の手段に訴える、〜の手を使う。【意味】「ふたつ目の言葉を口にするより仕方がなかった」→「やむなく次の言葉を使うことになった」

—Callaos o no saldréis al recreo:【文法】Calla*os*＜callad＋*os*→〔再帰動詞callarseのvosotrosに対する肯定命令形。Calla*d*の*-d*が落ちることに注意〕／命令形のあとのoは、「さもないと、そうでないと」の意。【意味】「静かにしなさい、でないと、休み時間に外へ（遊びに）出られませんよ」

Esta nunca fallaba:【文法】Estaは指示代名詞・女性・単数形。「これ」の意。この語より前の、いちばん近くにある、女性・単数の名詞、つまりsu segunda fraseのfraseを指している。【意味】「その言葉は抜群の効果があった」←「これがしくじることは絶対になかった」← fallar 失敗する；機能しない。

10頁

¿podrías enseñarme tus deberes?:【構文】¿podrías＋不定詞？は婉曲（丁寧）表現。【文法】podrías＜poder。podríasは直説法過去未来・2人称・単数。【意味】「宿題を見せてくれますか」

con las dos cejas levantadas:【意味】（宿題を出す気配がないので）びっくりした表情を浮かべながら。←両の眉をつりあげて。

13頁

Con esto del rayo, a todos los compañeros *se* les *habían agolpado* montones de recuerdos 〜:【文法】*se habían agolpado* ＜ agolparseは、文法上の主語 montones de recuerdos と意味上の主語 todos los compañeros が入れ替わる動詞。【意味】「この雷の話を聞いたとたん、すべてのクラスメイトの頭にどっと想い出がよみがえり、つぎつぎと口を突いて

出てきた」。← agolparse: 洪水のように押し寄せる、殺到する。
Pablo contaba cómo un día entró un rayo por la clavija del teléfono de su casa y, en cuestión de segundos, lo quemó todo. Lo de Antonia fue más impactamente, (...)：【文法】*lo* quemó todo の *lo* は todo が主語ではなく、目的語であることを示す目的格人称代名詞。*Lo* de Antonia の *Lo* は定冠詞中性形。「lo de ＋ 名詞」のかたちで相手が了解していることに言及して、「～のこと、～の件、～の話」の意。【意味】パブロは、ある日、雷がどのように家の（固定）電話のコンセントから入りこんで、数秒のうちにすべてを燃やしてしまったかを話して聞かせた。アントニアの話はもっと衝撃的だった。

aquello sí que fue un verdadero peligro：【構文】sí que ～〔強調〕確かに～、本当に～。【意味】あれはなるほどまぎれもなく危険な事態であった。

14 頁

con un volumen de voz lo suficientemente elevado como para que lo escucharan todos：【文法】un volumen de voz と lo suficiemente elevado は同格、つまり、等記号（＝）で結べる関係にある。lo (suficientemente) elevado は、lo ＋ 形容詞。elevado は過去分詞に由来する形容詞。lo は定冠詞中性形。「lo ＋ 形容詞」で「じゅうぶんに（声が）高いこと」を意味する。【意味】「みんなに聞こえるくらいじゅうぶんに大きい声で」。

También hoy funcionó：【意味】（ふたつ目の魔法の言葉は）きょうも効き目があった。← 主語は su segunda frase mágica。

seguía contando muy bajito su historia a los compañeros：【文法】baj*ito* ＜《副詞》baj*o* の縮小辞。

16 頁

con aires de no entender un no por respuesta：【文法】no は、男性名詞。したがって、男性・単数の不定冠詞 un がついている。【意味】「やってませんの返事など受けつけませんといった面持ちで」

—Es que yo, ejem, es que ...：【構文】Es que ～《口語》〔軽い理由をあらわす〕じつは～。【意味】「じつはぼく、えへん、じつは…」。← ejem〔軽い咳払いをあらわす〕えへん、うふん。

—**respondió Clemente, carraspeando y con una voz casi inaudible :**
【意味】クレメンテは咳払いをしながら、蚊の泣くような声で答えた。
un tanto nerviosísima :【文法】nervios*ísima*〔nervios*o* の絶対最上級・女性・単数形。主語の la profe に一致〕。【意味】ちょっぴりかなりいら立って。← un tanto = un poco「少し、いささか」。

18 頁

el súper :【文法】《口語》super*mercado* の省略形。
nos robaron el coche de mi mamá con todo dentro :【文法】robaron < robar。robaron は直説法点過去の 3 人称複数形→非人称表現：「人は〜する」の意。【意味】車に乗せていたものごとママの車が盗まれたんだ。
poner una denuncia :【意味】被害届を出す。
cuando mi papá nos vino a recoger :【意味】パパが迎えに来てくれたとき。
muy abatido :【文法】〔過去分詞に由来する形容詞 abat*ido* は、叙述補語として副詞的に働く（形は形容詞なので、主語に応じて性・数の変化をするけれど、働きは副詞）〕【意味】しょんぼりとした表情で。

21 頁

todos hablaban de robos en alto y a la vez :【意味】全員が盗難について大声でいっせいにしゃべり出した。
¡Menos mal que su mamá ese día no estaba haciendo topless! :【構文】Menos mal que 〜「〜は不幸中の幸いだ」。【意味】それにしても、その日、彼女の母さんがトップレス姿でなくてよかったね。← mal :《男性名詞》不幸、災難；悪、不正。

22 頁

controló la situación en un santiamén, ofreciendo chuches a quienes se callasen y sentasen inmediatamente :【構文】ofreciendo につづく部分は〔現在分詞を使った分詞構文〕。この場合、「時」をあらわしている。【文法】quienes は、〔先行詞を中に含んだ関係代名詞の独立用法〕。特定されないひとを指すときによく用いられる。その際は、se callasen y sentasen のように、「+接続法」となる。／sentasen の前には se が省略されている。／se callasen y sentasen〈それぞれ callarse, sentarse の接続法過去 -se 形・3 人称・複数。【意味】(隣りの教室の先生は) すぐにおしゃべりをやめて席に着いたひとには、お菓子をあげますと言って、あっというまにその場を治めてしまった。← en un santiamén【慣用句】あっというまに。＝ en un (decir) amén。

25 頁

— Clemente, ¿hoy traes los deberes hechos? :【意味】クレメンテ、きょうは宿題やってきたの？
con claros signos de inquietud :【意味】明らかに心配そうな素ぶりを見せながら。
a mi madre le dio un desmayo :【意味】母さんが気絶したんです。

26 頁

— preguntó Maika escandalizada, aunque no esperó a la respuesta y añadió— :【文法】escandaliz*ada* < escandaliz*ado* は、過去分詞に由来する形容詞。〔その形容詞が叙述補語として副詞的に働く（形は形容詞なので性・数の変化をするけれど、働きは副詞)〕→ 18 頁　**muy abatido** 参照。【意味】マイカはあきれ返った様子で尋ねたが、返事を待たずに、こう付け加えた。

29 頁

mascotas :【意味】ペット；マスコット。
En fin, lo normal :【意味】けっきょく、いつもどおりのことだった。
porque estaba muy ocupada hiperventilando :【意味】(先生は)過呼吸になって、それどころではなかったからだ。

30 頁

Tal era el escándalo que no escucharon lo de las chuches de la profe de al lado :【構文】tal 〜 que ＋直説法→〔強調の結果をあらわす〕大変〜なので、…になる。【意味】大変な騒ぎになったので、隣りの教室の先生がしているお菓子の話など耳に入らなかった。
el mismísimo subdirector del colegio :【文法】mism*ísimo* < mism*o* の絶対最上級。【意味】教頭先生ご当人。

Un silbato y mucha autoridad：【意味】笛を吹いて一喝すること。←笛を吹いてにらみをきかすこと。
Fue infalible, funcionó en el acto：【文法】主語は前文の意味を受けた「そのこと」。【意味】それはズバリ的中して、ただちに効き目があらわれた。

32 頁

— No me digas que tampoco hoy has podido hacer los deberes：【構文】No me digas que ～〔2 人称・単数の否定命令〕【文法】digas ＜ decir の接続法現在・2 人称単数形。【意味】まさか今日も宿題ができなかったっていうんじゃないでしょうね。

34 頁

Al cabo de ～：＝ después de ～【意味】～のあと。
acabar con ～：【意味】～を終わらせる、～にケリをつける。
¿quieres hacer el favor de decirme de una vez ～？：【構文】¿quieres hacer el favor de ＋ 不定詞？〔丁寧な依頼。丁寧な言葉遣いをすることで、皮肉をあらわす〕：～してくれませんか。【意味】正直にはっきりと話してくれませんか。← decir de una vez：正直にはっきりと言う。

36 頁

Si de encierros iba la cosa, todos tenían uno que contar. El más increíble es el que contó Rodolfo：【文法】uno は、前出の encierros を受けている代名詞。uno ＝ un encierro。複数形が単数に変わっているが、同じ男性形である点に注意。El más increíble も el que もその流れに従っている。el que は、〔定冠詞＋que〕のかたちの関係代名詞。【意味】どこかに閉じこめられた話になると、誰もがひとつはひとに聞かせたい話を持っていた。いちばんとほうもないのは、ロドルフォの話だった。
lo encontraron：【文法】encontraron は、動詞の 3 人称複数形を使った非人称表現。【意味】「ひとは～する」→ひとは彼を発見した。→彼は発見された。

39 頁

***ni* las frases mágicas de su profe *ni* las chuches de la profe de la clase de al lado *ni* la amenaza del subdirector lograron hacerlos**

regresar al orden：【構文】ni 〜 ni 〜 ni 〜：〜も〜も〜も…でない。／【意味】担任の先生の魔法の言葉も、隣りの教室の先生のお菓子も、教頭先生のおどし文句も、効果なく、生徒たちが静かな状態にもどることはなかった。← hacer*los* の *los* は、「生徒たち」を指す。／ *hacer*los regresar al orden の *hacer regresar* は、「hacer + 不定詞」の使役動詞。「〜させる」の意。

la mismísima directora, que, con su sola presencia, normalmente todo lo arreglaba：【構文】todo lo arreglaba は、〔目的語が動詞の前にくる構文〕：目的語 todo が動詞 arreglaba の前にきているので、そのしるしに、目的格人称代名詞 lo に置き換えてある。そうやって、**todo** は主語ではなく、目的語であることを示している。【意味】(女) 校長先生みずからが、その場にいるだけで、ふつうはすべてが丸く収まったものだ。

40 頁

Sus métodos eran de los buenos de verdad：【意味】彼女のやり方は、まことにご立派なやり方であった。→ los buenos de verdad は皮肉。

Dos aplausos con aplaudidor 〜：【意味】拍手人形を使ってパチパチ二回拍手をさせること。

—Callaos todos o vuestros exámenes desaparecerán misteriosamente y tendréis que repetirlos todos …：【構文】tener que + 不定詞：〔義務表現〕〜しなければならない。【意味】みなさん、静かにしなさい。さもないと、不思議や不思議、あなたがたのテスト答案が行方不明になってしまい、また全部試験を受けなければならなくなりますよ…

Si es que por algo era la directora, ella sí que sabía cómo controlarlo todo：【意味】彼女が校長になるだけの理由があったとすれば、きっと、すべてを取り仕切る術(すべ)を心得ていたからにちがいない。← por algo【慣用句】何らかの理由(わけ)があって。／ sí que 〜：きっと〜にちがいない。

43 頁

la profe Marita tenía que acabar con las fantasías de Clemente：【意味】マリータ先生は、クレメンテの作り話に決着をつけなければならなかった。← acabar con 〜：〜に決着をつける。

eso no era positivo para el futuro del niño：【意味】それは、お子さんの将来のためになりませんよ (と注意してやりたかった)。

45頁
sin adelantarle nada por teléfono：【意味】あらかじめ電話で用件にふれておくこともないまま。

46頁
los protectores de animales：【意味】動物愛護協会の人びと。

49頁
En ese combate de invasiones animales, ganó Macarena：【意味】家の中に侵入してきた動物をめぐる自慢話では、マカレーナが勝利をおさめた。
pasaron un miedo aterrador：【意味】ぞっとするような恐怖を覚えた。
el oso no parecía que quisiera comer miel, sino que, más bien, lo que se quería comer era ...：【構文】no 〜, sino que ...〔英語 *not* 〜, *but* ... に相当〕。【意味】クマは蜂蜜などを食べたそうには見えず、むしろ、食べたがっているのは…のようであった。← más bien: むしろ。

50頁
La profe estaba a punto de volverse tarumba：【構文】estar a punto de + 不定詞：もう少しで〜するところだった。【意味】先生はもうちょっとで目がくらくらしそうになった。
en general：【意味】どこもかしこも、全身；全体的に。

54頁
a mi compañero le dio un infarto：【意味】会社の同僚が心筋梗塞を起こした。← un infarto (de miocardio): 心筋梗塞。

57頁
La profe solo acertó a decir：【構文】acertar a + 不定詞：うまく〜する。【意味】先生は、ぽつりとこう洩らすことができた。

58頁
—Espero que al menos en el colegio todo marche bien, porque llevamos una semanita ...：【意味】少なくとも学校ではすべてがうま

くいっていることを期待しています。なにしろこの一週間というものは…。

60頁

La profe acababa de caer desmayada en lo que parecía, en toda regla, un ataque de ansiedad：【構文】acabar de + 不定詞：〜したばかりである。【意味】先生は、型どおりの、心配のあまりの発作らしきものを起こして、たった今、気を失って倒れたところだった。
lo primero de todo：【意味】何よりもまず、いのいちばんに。

あ と が き

　2016 年（平成 28 年）10 月初旬に神戸市外国語大学でひらかれたイスパニヤ学会が終了してまもない頃、同学社編集部の蕗純氏からお手紙をいただいた。
　何でも 9 月上旬にスペイン大使館で、スペイン書籍の展示会 "New Spanish Books" がおこなわれた折、経済商務部の金関あさ氏からのご招待でお出かけになったとか。そして、児童書コーナーでこの『トホホ、宿題ばかりの一週間』 *¡Vaya semana de deberes!* を手に取られたところ、まず誰にもなじみのある宿題というテーマが気に入られ、ついでストーリーもイラストもふるっている上に、分量は少なめなので速読用にぴったりだと直感されたとのこと。
　そこで、ルイス・セプルベダの童話『カモメに飛ぶ手ほどきをした猫の物語』以来、おつきあいのあるわたしに、注解をつける仕事の話が舞いこんできたというしだいである。もちろん光栄なことなので、わたしに否やはなかった。
　セプルベダの童話は、全文を収録した、いわゆるノー・カット版だったせいで、少し分量が多すぎる嫌いがあった。けれども、一年の授業で読み終えられなくても、学生がストーリーの面白さに惹かれて残った分を読み終えてくれるだろうという期待を抱いていた。じっさいにそうなっていればいいのだが…
　それに対して、今回の『トホホ、宿題ばかりの一週間』は、どちらかというとイラストの方が目立つくらい、本文の量は控えめである。じつのところ、見開き 4 分の 3 が挿し絵で、残りの 4 分の 1 がテキストといった塩梅なのだ。これは読者の心理的な負担を軽やかにすることはまちがいない。何よりも、はかがゆく快感を味わえるので嬉しくなってくるはずだ。
　したがって、読者の方には、1 回目は、もし話の筋がたどれるのであれば、辞書をひかずに読み進めることにぜひ挑戦していただきたいものである。そして、2 回目以降は、辞書とこの教科書の注解を参照しながら精読を試みられることをお勧めしたい。たかが〈6 歳以上向き〉 a partir de 6 años の児童書、されどスペイン語の原書である。やはり手を焼く箇所もあるから、うかうかできない。わたしたちが日本語の童話を読むときも、おそらくそうした箇所がふくまれているはずだが、あまり気にせずに先へ進んでいるのではないだろうか。と

にかく、話の結末を愉しみに、どうかご通読くださいますように。

　最後になりましたが、あれこれご教示いただいた編集者の蕗純氏に深甚なる謝意を表します。

　さらに、蕗純氏を介して作者とイラストレイターの略歴についての資料をとり寄せる際にお手をわずらわせたと仄聞(そくぶん)している、スペイン大使館・経済商務部の金関あさ氏にも感謝をささげたく存じます。

　そして、今回も、永年の詩文の友にして学殖ゆたかな畏友、神戸市外国語大学名誉教授・西川喬氏から貴重な助言をいただきました。ここに厚くお礼を申しあげるしだいです。

　2017（平成29）年
　　　回転木馬(メリーゴーラウンド)にまたがる子ひとりの早春かな
　　　　（ゴメス・デ・ラ・セルナ『グレゲリーア抄』より）

　　　　　　　　　　　　　　　　　　　　　　　　　平田　渡

作者とイラストレイターの紹介

アマンダ・レモス　Amanda Lemos

　1962年、ガリシア自治州のルゴ県モンフォルテ・デ・レモス Monforte de Lemos 生まれ。モンフォルテ・デ・レモスは、人口2万足らずながら、中世にできた城塞都市。高さ30メートルのオメナへの塔がそびえる城のほかに、ガリシア地方のエスコリアルとたたえられる壮麗なヌエストラ・セニョーラ・デ・ラ・アンティグア教会（現神学校）、サン・ビセンテ・ド・ピノ修道院、セルバンテスやロペ・デ・ベガといった文人の庇護者で、ナポリ副王をつとめたレモス伯爵の名をいただく宮殿があって、なかなか由緒正しい。現在、いま挙げた修道院と宮殿は、国営ホテルのパラドールとして使われている。

　モンフォルテ・デ・レモスは、ミーニョ川とシル川にはさまれた緑豊かな美しい峡谷に位置している。町中を流れるシル川の支流カベ川と渓谷が織りなす景色、ルネサンス様式や新古典様式の建築物、そして、リベイラ・サクラ Ribeira Sacra という原産地呼称で知られる白ワインが観光客をひきつけて放さない。

　アマンダは、実家の窓越しにあこがれのモルフォンテ・デ・レモス城をずっと眺めながら育つ。この城は、駆け出しの彼女が作品を生み出すときの着想の源になってくれた。

　やがて家庭の事情のせいで、バルセロナ近郊のサルダニョーラ・デル・バリェース Sardañola del Vallés（カタルーニャ語でセルダニョーラ・ダル・バイェース）に引っ越した。そこは人口約5万、バルセロナ自治大学がある町。この町で学業にはげみながら暮らしたけれど、故郷モンフォルテ・デ・レモスが恋しくてならなかった。そのあげく、矢も盾もたまらなくなったアマンダは、父親が国鉄職員だったのをいいことに、丸一日かけて田舎に舞い戻っては、24時間滞在しただけで帰るという破天荒な旅行をくり返すようになった。けれども時の流れとともに、そんな無茶はできなくなった。

　さて、苗字のレモスだが、これはたぶん単なる偶然の一致ではないであろう。きっと本人が、モンフォルテ・デ・レモス出身であることに誇らしい気持ちを抱いているせいでつけたものにちがいない。そして、名前のアマンダ Amanda だが、これは、amanda < amando < amar、つまり amar「愛する」の現在

分詞形 amando に由来しているといえば、穿ちすぎだろうか。もしそうならば、Amanda Lemos は、「レモスの町を愛する女性」という意味になるけれど。

　それはともかく、長じて、子どもたちを相手に家庭教師の仕事をすることになった。そのとき、子どもたちが本を読んだり文章を書いたりする意欲に乏しいことを肌で感じた。そこで子どもを読書好きにすることに全身全霊を打ちこんだ。おかげで、彼女の授業はひっきりなしにお話が湧き出てくる泉のようになった。アマンダは、子どもたちが愉しめるように、半分はアドリブで、半分はじっくりと考えて、自分なりにお話をひねり出した。本人はやがて話の内容は忘れてしまったけれど、大半が尻切れとんぼに終わったことだけははっきりと憶えていた。そんなわけで、生徒たちは不平たらたらだったようだ。

　そのうち、原稿依頼をうけて文筆業に手を染めることになった。科学技術、社会、映画、音楽、旅行、広告と多岐にわたって面白い文章を書いた。そうやって、いちばん好きな、詩を書く機会がめぐってくるのをじっと待っていた。それは、『青色の28篇の詩』*28 poesías en azul* という作品によって陽の目を見た。そのあと、母親か父親の、祖母に捧げられた、心暖まる本というか、現在のところ曾祖母に献呈された、まことに珍しい本と言っていい、『わたしのひいおばあちゃん』*Mi bisabuela* という児童書が生まれた。

　そして今ここに、イラスト入りの童話『トホホ、宿題ばかりの一週間』*¡Vaya semana de deberes!* を上梓するというアマンダの永年の夢が叶ったのである。

レヒーナ・G・クリベイロ　Regina G. Cribeiro

　1971年マドリード生まれ。三人兄弟の末娘。家族はマドリード市内から近郊のボアディーリャ・デル・モンテ Boadilla del Monte という町に引っ越す。レヒーナはポスエロ Pozuelo の公立高校を出たあと、マドリード大学芸術学部に入学。エラスムス奨学金を獲得し、お城めぐりで知られるフランス・ロワール地方のブールジュにある、名門エコール・デ・ボザール École nationale supérieure des Beaux-Arts（国立高等美術学校）の分校に留学した。ブールジュは、マネの絵のモデルにもなった、印象派の女流画家ベルト・モリゾの出身地である。ここで世界中から集まった学生と交流し、幅広い知識とともに絵を描く技術をみ

がいた。

　クリベイロ Cribeiro というのは、ガリシア地方出身の母方の苗字にほかならない。そこからもうかがえるように、レヒーナの心の中には、幼い頃から毎年夏休みをすごしたポンテベドラ Pontevedra（「古い橋」の意）の暮らしが息づいている。ポンテベドラにほど近いカンガス Cangas には、レヒーナにとっては特別の存在である、母方のおばあちゃんが住んでいた。じつはおばあちゃんのみならず、母親もまた教職に就いていた。それがレヒーナに影響を与えたものと思われるが、彼女もさまざまな場所で教師の仕事をつづけた。

　レヒーナ・G・クリベイロは、創造力に富んだ、一瞬たりともじっとしていない、行動力にあふれる人物である。そんなわけで、家庭教師をするほか、出版関係の仕事にも手を染め、イダンパ書店から出るこの本のために初めてイラストを描いた。そして、ひまを見つけては、油絵や水彩画、彫刻のような作品を生みだしている。マドリード自治州内ですでに 10 回以上、個展をひらき、好評を博している。

　レヒーナの小さい頃からの夢はイラストレイターになることだった。したがって、コミカルなイラストを描く有名な女性を主人公にした連続ドラマのファンだった。今では、夢が叶い、自らがイラストレイターになった。

　彼女は、どんなときでも、つねに芸術的な環境に身を置いてきた。母方の伯父ホセ（ショゼ）・クリベイロ Xosé Cribeiro は、1958 年にマドリードで結成された、ガリシア地方の知識人の集まり〈ブライス・ピント〉Brais Pinto に属する詩人であり、国営放送 TVE ガリシア支局のディレクターであった。彼は、著名な作家で哲学者だったミゲル・デ・ウナムーノ Miguel de Unamuno の孫にあたるコンチャ・デ・ウナムーノ Concha de Unamuno と結婚していたが、1995 年に身まかった。現在、カンガスの町には、彼の事績をたたえるように、その名に因んだ通りが存在している。

　そのように、レヒーナの周辺は物心ついた頃から文学的な雰囲気があふれていたのである。

編者略歴

平田　渡（ひらた・わたる）
1946年福岡県生まれ。
神戸市外国語大学大学院修了。
関西大学名誉教授。

翻訳—
ブラウリオ・アレナス
『パースの城』（国書刊行会）、
ラモン・ゴメス・デ・ラ・セルナ
『グレゲリーア抄』（関西大学出版部）、
『乳房抄』（同）、
『えも言われぬ美しさの、
きらびやかにして、永遠なる　サーカス』（同）、
フェデリコ・アンダーシ
『解剖学者』（角川書店）
マルセリーノ・アヒース・ビリャベルデ
『聖なるものをめぐる哲学　ミルチャ・エリアーデ』（関西大学出版部）
ほか

教科書—
ルイス・セプルベダ
『カモメに飛ぶ手ほどきをした猫の物語』（同学社）

トホホ、宿題ばかりの一週間
¡Vaya semana de deberes!

2018年4月1日　初版発行	定価　本体2,200円（税別）	
編　者	©　平　田　　　渡	
発行者	近　藤　孝　夫	
印刷所	研究社印刷株式会社	
発行所	株式会社同学社	

〒112-0005　東京都文京区水道1丁目10-7
電話 03-3816-7011（代）・振替口座 00150-7-166920

（有）井上製本所

ISBN978-4-8102-0434-6　　　　Printed in Japan